Un petit nuage : Pologne 1942
Text by Patrick Tillard and Illustration by Barroux
Copyright ⓒ Editions Kilowatt, 2010
Korean translation copyright ⓒ 2020, HanulimKids Publishing Co.,
This Korean edition is published by arrangement with Editions Kilowatt through Bookmaru Korea literary agency in Seoul.
All rights reserved.

이 책의 한국어판 저작권은 Bookmaru Korea agency를 통해 Editions Kilowatt와의 독점계약으로 도서출판 한울림어린이가 소유합니다.
신저작권법에 의하여 한국 내에서 보호를 받는 저작물이므로 무단 전재와 복제를 금합니다.

세상을 바꾼 그때 그곳으로 3
1942년 폴란드 나치의 유대인 학살

아빠,
구름 위에서 만나요

파트리크 티야르 글 바루 그림 김현아 옮김

한울림어린이

내 이름은 요엘이에요.
전쟁이 시작된 지 벌써 3년이 지났어요.
이웃 사람들이 사라지고 있어요. 날마다 나와 같은 유대인들이 사라져요.
전쟁이 우리를 쫓아와요. 오늘은 아빠와 내가 숨어 지내는 지하실로
독일 군인들이 들이닥쳤어요. 우리는 붙잡혔죠.

군인들은 소리를 지르며
마을 사람들을 한데 모이게 했어요.
집들이 불타고 있어요.
여기저기서 비명과 총소리가 들려요.
하늘이 흐리고 어두워요.
뭐가 뭔지 하나도 모르겠어요. 온 세상이 잿더미로 변했어요.
입이 바싹 마르고 눈물이 차올라요.
마음이 아프고 온몸이 떨려요.

군인들이 우리를 밀치고, 당기고, 때리고, 욕하면서 산 위로 데려가요.
나는 아빠 손을 꼭 잡고 걷다가 돌부리에 걸려 넘어질 뻔해요.
아빠는 작은 목소리로 속삭이며 나를 안심시키죠.
"요엘! 걱정 마. 이제 돌은 없을 테니까."

산꼭대기를 바라보면 너무 무서워요. 하지만 아빠는 하나도 무서워하지 않아요.
난 그런 아빠와 함께 있어요!
아빠가 곁에 있다는 것만으로도 불안과 공포가 사라져요.

아빠와 난 마을 사람들과 함께 걸어가요. 군인들은 우리에게 고함을 질러요.
어떤 사람들은 울고 어떤 사람들은 기도해요. 그런데 모두 혼자예요. 완전히 혼자예요.
무시무시한 폭력 앞에 사람들의 그림자가 꺾이고 휘어져요.
마치 이 세상에 존재하지 않는 사람들처럼요.

군인들은 잔인하고 폭력적이에요. 하지만 난 아빠의 다정한 목소리를 들어요.
아빠의 목소리와 내 손을 꼭 잡은 아빠 손이 우리를 따뜻하게 하나로 이어 줘요.
나는 혼자가 아니에요. 다른 사람들은 사랑하는 사람과 떨어져 있지만
내 곁에는 아빠가 있으니까요. 내 마음은 아빠로 가득해요.
나는 혼자가 아니에요.

'아빠는 나를 사랑해요. 언제 어디서든 나를 지켜 줄 거예요!'
나는 이 말을 온 세상에 울리도록 크게 외치고 싶어요.
절대로 거짓말이 아니에요. 아빠의 사랑이 내 온 마음을 채워요.
사랑은 나를 둘러싼 두려움보다 훨씬 강해요.
하지만 소리치면 안 돼요. 군인들이 아빠를 때릴 테니까요.

내 뒤로 점점 작아지던 마을이 더 이상 보이지 않아요.
군복을 입고 무기를 든 군인들이 마을 사람들을 에워싸요.
꼼짝도 못 하고 짓밟히는 사람들 사이에 내가 있어요.
아이는 나뿐이에요.
아빠는 내가 무섭지 않도록 해 주죠.
난 아빠의 사랑 때문에 살아 있다고 느껴요.

나는 달려요. 아빠 손을 놓치지 않으려고 부지런히 달려요.
그러다가 다른 사람들과 부딪치기도 해요.
나는 도망치고 싶어요. 산꼭대기에 가고 싶지 않아요.
운이 좋으면, 아주 어렸을 때처럼 꿈의 세계로 갈 수 있어요.

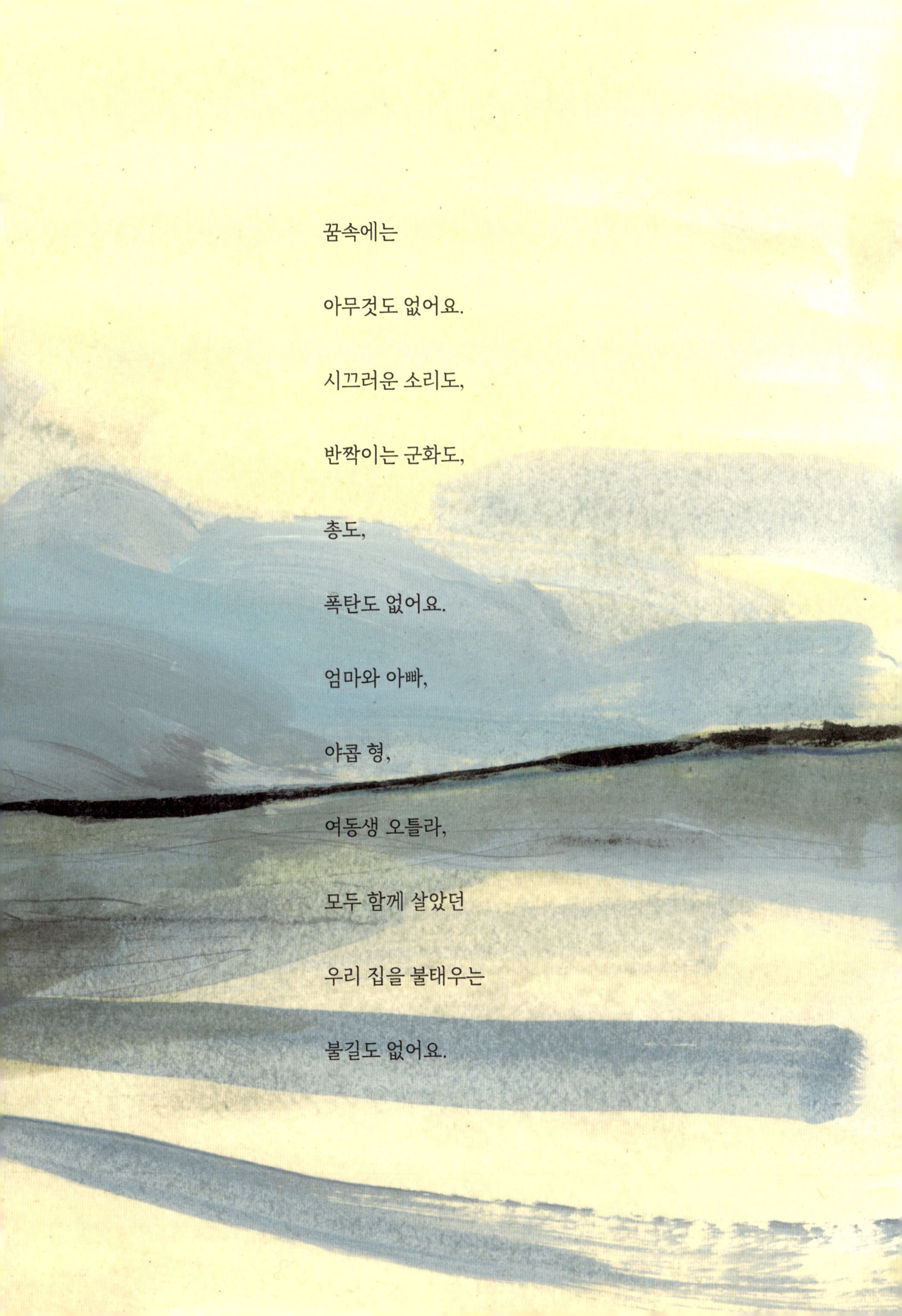

꿈속에는

아무것도 없어요.

시끄러운 소리도,

반짝이는 군화도,

총도,

폭탄도 없어요.

엄마와 아빠,

야콥 형,

여동생 오틀라,

모두 함께 살았던

우리 집을 불태우는

불길도 없어요.

비눗방울이 햇빛을 받아 반짝여요.
비눗방울은 가볍게 날아올라 파란 하늘로 사라져요.
나는 떠다니는 비눗방울이 부러워요.
마치 살아 있는 것 같거든요.

멀리서 아빠가 다정한 눈길로 나를 바라보고 있어요.

새들이 이 나무에서 저 나무로 도망치듯 날아올라요.

나는 아빠 손에 이끌려 계속 달리고 있어요. 우리는 군인들에게 얻어맞고, 떠밀리고, 괴롭힘을 당하면서 점점 더 산꼭대기 가까이로 다가가요.

누군가의 겁먹은 눈과 내 눈이 마주쳐요. 그 눈길이 한참 동안 나에게 머물러요.
내가 어리기 때문이죠. 새삼 나도 우뚝 멈춰 서서 사람들을 바라봐요.
사람들이 나를 열한 살 아이로 보지 않았으면 좋겠어요.
오늘 나는 야콥 형만큼 자라서 열여섯 살이 될 테니까요.

마을 사람들의 그림자가 꺾이고 구부러져요.
나는 꺾이지 않을 거예요. 나는 구부러지고 싶지 않아요.
사람들이 아는 걸 나도 알게 되고, 사람들이 겪는 일을 나도 겪게 되겠죠.
나는 더 이상 어리지 않아요. 왜냐하면 지금 나는 자랐으니까요.
이제 나는 무섭지 않아요. 다시는 무서워하지 않을 거예요. 절대로.
마을 사람들과 군인들에게 내가 얼마나 자랐는지 보여 줄 거예요.

누구보다 아빠에게 보여 줄 거예요.
아빠는 늘 내가 아빠 같은 남자가 될 거라고 말했었죠.
그래요. 오늘 나는 멈추지 않고 자라고 자랄 거예요….

아빠가 숨을 몰아쉬어요. 그리고 하늘에 떠 있는 작은 구름을 가리켜요.
우리는 자유롭게 하늘을 떠다니는 하얀 구름을 바라봐요.
나는 구름을 보며 기도해요. 군인들이 소리 지르고 괴롭혀도,
산꼭대기에 오른 다음에도 무서워하지 않을 힘을 달라고, 간절히 기도해요.

작은 구름이 천천히 우리 쪽으로 와요.
아빠가 낮은 목소리로 속삭여요.
"요엘, 아빠가 하는 말을 잘 기억해야 해. 저 구름 보이지….
우린 저 구름 위에서 다시 만날 거야, 알겠지?
저기 하늘에서 네 생일 파티를 열 거야.
무서워하지 마. 하나도 무섭지 않아.
아빠는 너랑 헤어지지 않아. 절대로."

나는 걱정하는 아빠 목소리에서 사랑의 힘을 느껴요.
그리고 아빠 말에서 묻어나는 깊은 슬픔을 느껴요.
나는 아빠의 아들이에요. 아빠에게 받은 크나큰 사랑을
되돌려 드리고 싶어요.
산꼭대기에서 어둠이 우리를 기다리고 있어요.
하지만 아빠와 나의 따뜻한 사랑이 우리를 지켜 줄 거예요.

나는 아빠가 말하지 않은 다른 말들을 들을 수 있어요.
숨조차 쉴 수 없을 만큼 괴로운 마음에
차마 하지 못한 그 말들을 나는 알 수 있어요.
'언제나 너를 더 많이 사랑해 주고 싶었단다.'
나는 그 어느 때보다 아빠를 사랑하고 있어요.
나는 온 힘을 다해 아빠 손을 꼭 잡아요.
아빠가 깜짝 놀라서 불안한 눈으로 나를 바라봐요.

나는 얼른 아빠에게 미소를 지어요. 아빠는 잠시나마 마음을 놓아요.
그 순간, 세상을 가득 채운 미움이 한걸음 뒤로 물러서요.
아빠의 미소를 보고 싶어요. 그러려면 아빠를 안심시켜야 해요.
우리는 구름 위에서 다시 만날 거고, 하늘에서 생일 파티를 열 거라는
아빠 말을 나는 믿어야 해요. 그래서 더 이상 내가 무서워하지 않는다고
아빠가 믿어야 해요.

나는 이리저리 돌을 피해 달리며 중얼거려요. 친구들, 선물, 과자가
작은 구름 위에 마구 쌓이고, 색색의 리본이 펄럭이고,
커다란 케이크가 놓여 있다고….

산꼭대기에 다다랐어요. 우리는 함께 온 사람들과 구덩이 앞에 나란히 서요.
나는 아빠와 손을 꼭 잡고 있어요. 그 무엇도 우리를 갈라놓을 수 없어요.
갈아엎어 싱그러운 땅 냄새, 풀 냄새가 나요.
한 줄기 햇빛이 깊고 넓게 파인 구덩이를 비추고 있어요.
산 여기저기에 파인 다른 구덩이들도 보여요.
모든 일이 빠르게 진행돼요.
이미 군인들은 나란히 줄맞춰 서서 숨을 골라요.

나는 아빠 손을 잡고 있어요.

용기 있는 내 모습을 보여 줄 수 있어서 나는 자랑스러워요.
아빠에게 더 많이 보여 주고 싶어요. 그래서 지금 이 순간이 조금 더
길었으면 하는 마음과 빨리 지나갔으면 하는 마음이 싸우고 있어요.
독일 군인들이 우리에게 총을 겨누는 순간,
나는 아빠를 향해, 아빠는 나를 향해 몸을 돌려요.
아빠의 크나큰 사랑을 나는 느낄 수 있어요.
아빠와 나는 서로 마주 보며 말해요.

"구름 위에서 만나."

독일 나치 유대인 학살의 역사

이 책은 제2차세계대전이 진행 중이던 1942년 폴란드에서 벌어진 독일 나치의 유대인 학살을 이야기해. 1939년부터 1945년 사이에 전쟁으로 죽어 간 사람은 약 5000만 명이었어. 그중에 유대인이라는 이유만으로 죽은 사람은 600만 명이나 돼.

폴란드로 가야 했던 유대인들

13~15세기까지 유럽의 여러 나라는 유대인들을 나라 밖으로 쫓아냈어.
유대인들이 가톨릭교 대신 유대교를 믿기 때문이었지.
하지만 유럽 한가운데 위치한 폴란드는 유대인의 신분을 보장해 주고
유대인들이 자유롭게 살 수 있도록 해 주었어.
그래서 유대인들은 유럽 속 피난처와도 같은 폴란드로 모여들었지.
제2차세계대전이 일어나기 전까지 폴란드에는 약 350만 명의 유대인이 살고 있었어.
유럽에 사는 유대인이 약 1000만 명이었으니까, 그중 3분의 1이 폴란드에 살았던 거야.

주권을 잃은 폴란드

제2차세계대전을 일으킨 아돌프 히틀러는 독일에서 가장 세력이 큰 나치당의 수장이었어.
1933년에는 독일 총리가 되었고, 1934년에는 대통령과 총리를 겸하는 최고 자리에 올랐지.
히틀러는 독일의 영토를 늘려야 한다고, 그 어떤 민족보다 뛰어난 독일 사람들이
유럽 전체를 이끌어야 한다고 주장했어. 그러기 위해서는 전쟁을 해야 한다고 외쳤지.
히틀러를 믿고 따르는 사람들은 점점 많아졌어. 히틀러는 먼저 오스트리아, 보헤미아,
모라비아, 이탈리아, 소련(러시아) 등의 나라와 평화 조약을 맺고, 서로의 나라를
공격하지 않기로 약속했어. 그런 다음, 1939년 9월 1일에 폴란드를 공격했어.
폴란드와 동맹 관계이던 프랑스와 영국은 폴란드와 손잡고 독일에 맞서 싸우기로 했지.
그렇게 제2차세계대전이 시작되었어.
폴란드는 열심히 싸웠지만 결국 독일에 지면서 주권을 잃고 말아.

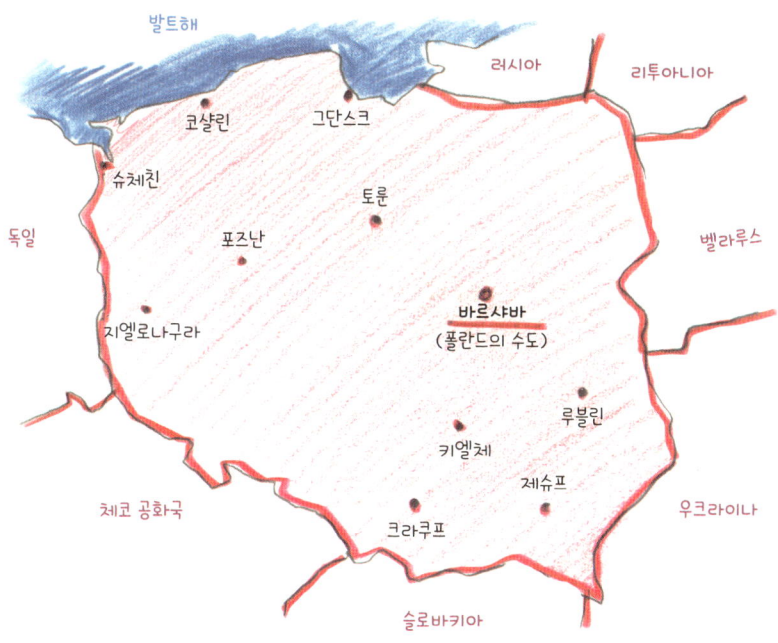

유대인 학살의 시작

전쟁이 시작되고 독일 나치군이 계속 승리를 거두자, 히틀러는 유대인을 향한 나쁜 감정을 숨김 없이 드러내기 시작했어. 히틀러는 유대인, 집시, 부랑자 들은 열등한 민족이므로, 세상에서 완전히 없애 버려야 한다고 주장했지.
유대인을 향한 차별과 탄압, 박해는 점점 심해졌어.
유대인들은 가슴에 노란색 별을 달고 다녀야 했고, 기차나 차를 타고 먼 곳까지 이동할 수도 없었어.

죽음의 수용소와 학살 부대

독일 나치는 세상에서 유대인을 없애 버리겠다는 끔찍한 계획을 세우고, 하나씩 행동으로 옮겼어.
나치는 먼저 대도시 안에 일정한 지역을 정하고, 유대인들을 그 안에서만 살게 했어.
유대인 지역 밖으로 나갈 수 없는 유대인들은 그 안에서 병과 굶주림으로 죽어 갔지.
다음으로 나치는 아우슈비츠, 트레블링카, 마이다네크, 벨제크, 소비보르, 헬름노 등의
거대한 수용소들을 만들고, 유대인들을 마구 잡아들이기 시작했어.
**수용소에 갇힌 유대인들은 제대로 씻지도, 먹지도 못한 채 심한 노동에 시달리다가
독가스실에서 죽어 갔어.** 사람을 죽이려고 만들어진 죽음의 수용소들은 대부분 폴란드에 있었지.
또한 독일 나치는 1941년 5월에
학살 부대를 만들어서,
나치에 반대하는 사람들과
거주 지역에 사는 유대인들,
곳곳에 숨어 사는 유대인들을
찾아 죽이도록 했어.

나치의 인종청소

1942년에 독일 나치는 '최종 해결책'을 내놓았어. 모든 유대인을 죽이기로 한 거야.
남자, 여자, 노인, 아이 할 것 없이 유대인의 피가 한방울이라도 섞인 사람은
모두 죽음의 수용소로 보내졌어.
학살 부대는 수용소 밖의 유대인들을 찾아서 죽이는 일을 했지.
군인들은 유대인들을 모아 놓고 커다란 구덩이를 파게 한 다음,
총을 쏘아 구덩이 안으로 떨어뜨려 죽였어.
구덩이가 시체로 채워지면 흙으로 덮고 다른 구덩이를 파게 했지.
1941년부터 1945년까지 학살 부대가 죽인 사람은 무려 150만 명이라고 해.
이 책은 바로 이 '죽음의 구덩이'로 향해 가는 요엘과 요엘의 아빠, 그리고 마을 사람들의 이야기야.

폴란드 바르샤바 유대인들의 저항

폴란드의 수도인 바르샤바에는 벽과 가시철조망으로 둘러싸인 유대인 거주 지역이 있었어.
1942년 여름, 이곳에 살던 유대인 30만 명이 트레블링카 강제수용소로 끌려가.
바르샤바에 남은 유대인은 4만 명뿐이었지.
남아 있는 유대인들은 싸우기로 결심하고,
오랜 시간에 걸쳐 몸을 숨길 수 있는 지하 벙커를 만들었어.
그리고 1943년 4월 19일, 유대인 400명이 전투를 시작했어.
전투는 독일 나치군의 일방적인 승리로 끝났지만,
바르샤바 유대인 거주 지역 봉기는 저항의 상징이 되었어.

오늘날의 폴란드

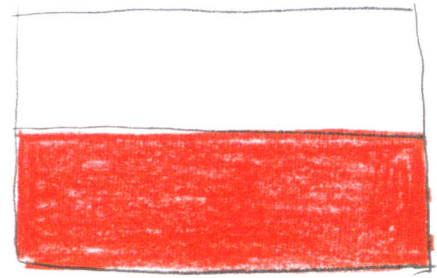

수도: 바르샤바   면적: 312,680㎢
인구: 3850만 명. 26세 미만 인구가 폴란드 전체 인구의
      약 40퍼센트를 차지함. 유대인은 약 1만 2000명.
화폐: 즐로티

폴란드는 무려 200년 동안 다른 나라에게 지배를 받은 나라야.
1795년부터 1918년까지 폴란드는 독일, 오스트리아, 러시아에게 지배당했어.
1918년에 독립을 이루었지만, 1939년부터 1945년까지 다시 독일과 소련에게 지배받았지.
독일 나치와 소련은 폴란드의 지식인 수십만 명을 학살하고
반항하는 폴란드인 모두를 죽음의 수용소로 보냈어.
6년 동안 폴란드에서 죽은 사람은 유대인 300만 명을 포함해 무려 600만 명에 이르지.
독일은 1945년에 폴란드에서 물러갔지만, 소련은 1990년까지 폴란드에 영향을 미쳤어.
폴란드는 1991년이 되어서야 국민 투표로 대통령을 뽑는 민주 공화국이 될 수 있었어.
폴란드는 2004년 유럽 연합에 가입했고, 높은 경제성장률을 기록하고 있어.
하지만 아직도 국민평균소득(GDP)이 유럽 평균에 훨씬 못 미치는 등의 어려움을 겪고 있어.
오랜 시간 이어져 온 아픈 역사가 지금까지도 폴란드의 경제 발전을 어렵게 하고 있지.

우리나라 시민 학살의 역사

일제강점기 양민 대학살

제2차세계대전을 겪은 유대인들처럼, 우리나라 사람들은 일제강점기를 겪었어.
1909년부터 1945년까지 36년의 시간 동안, 우리나라 사람들은 무자비한 폭력, 살인, 인간 이하의
취급을 당했지. 어처구니없는 일로 사람들이 떼죽음당하는 일도 있었어. '관동 대학살'이 대표적인 예야.
1923년, 일본 관동 지방에서 아주 큰 지진이 일어났어. 10만 명이 죽고 5만 명이 행방불명되었지.
경제적인 피해도 커서 사람들의 불만이 이만저만이 아니었어.
일본 정부는 모든 불만과 분노가 우리나라 사람들을 향하도록 헛소문을 퍼뜨렸어.
"조선 사람들이 불을 지르고 폭동을 일으키려고 한다!" "조선 사람이 우물에 독을 탔다!"
잔뜩 화가 난 일본 사람들은 우리나라 사람들을 닥치는 대로 죽이기 시작했어.
이때 죽은 사람만 6000~1만 명에 이르지. 그 밖에도 일본은 러시아에서 공부하던
유학생들(해삼위 조선인 학살 사건), 러시아 사할린으로 강제로 일하러 간 노동자들을
무참히 죽이는(사할린 한인 학살 사건) 등 수없이 많은 나쁜 일들을 저질렀어.

6·25 거창 양민 학살 사건

우리나라는 1945년에 해방을 맞았지만, 불과 5년 만인 1950년에 남과 북으로 갈라져서
서로를 죽고 죽이는 6·25전쟁이 일어났어. 이 전쟁은 무려 3년 동안 계속되어서
수많은 사람들이 죽거나 다쳤지. 군인들이 죄 없는 마을 사람들을 모두 죽이는
비극적인 사건도 일어났는데, 대표적인 예가 '거창 양민 학살 사건'이야.
6·25전쟁 때 북한군과 남한군은 밀고 밀리는 전쟁을 했어. 북한군이 남쪽 낙동강까지
밀고 내려오기도 하고, 남한군이 북쪽 압록강과 두만강 근처까지 밀고 올라가기도 했어.
이 과정에서 북한군에게 먹을 것을 주었다는 이유로, 경상남도 거창에서는
군인들이 청장년 663명을 골짜기와 계곡으로 끌고 가 총으로 쏘아 죽이는 일이 일어났어.
함양, 산청, 문경, 함평 등에서도 비슷한 학살이 일어났지. 6·25전쟁이 일어난 지
70여 년이 지났지만, 이때의 상처는 지워지지 않는 흉터가 되어 사람들 가슴속에 남아 있어.

5·18민주화운동과 시민 학살

"콰콰콰쾅!" "두두두두"…
1980년 5월 18일, 전라도 광주 시내에서 요란한 소리가 들리기 시작했어.
대포와 헬기, 총칼로 무장한 군인들이 시민들을 죽이기 시작한 거야.
시민들이 원한 건 '민주화'와 '군부독재 반대'뿐이었는데 말이야.
"군부독재 반대"를 외치는 시위가 전국적으로 일어나자,
정부는 5월 18일에 비상계엄령을 내렸어.
전국의 군인들에게 사람을 잡아가거나 죽이고 살릴 수 있는 권한을 준 거야.
첫 번째 충돌은 광주에서 일어났어.
군인이 휘두른 곤봉에 맞아서 사람이 죽는 안타까운 사고가 일어난 거야.
사람들이 항의하자, 정부는 더 많은 군인을 광주로 보냈어.
군인들은 학생, 아이, 노인 할 것 없이 광주 안에 있는 모든 사람을 폭도로 보고,
마구잡이로 총을 쏘기 시작했어. 학교에서 돌아오던 학생, 심부름 가던 아이,
아이를 가진 엄마 등 시위를 하지 않던 사람들까지 목숨을 잃었어.
TV와 신문은 광주에서 남파 간첩이 소동을 일으키고 있다고 보도했지.
광주로 들어가고 나가는 모든 길이 막히면서 광주 사람들은 누구에게도 진실을 알릴 수 없었어.
군부 독재가 끝나고 국민들이 투표로 대통령을 뽑게 되자,
1980년 5월 18일의 진실을 밝히고 피해자들의 명예를 회복하려는 노력이 시작되었어.
하지만 40년이 지난 지금까지도 얼마나 많은 시민들이 어떻게 죽어 갔는지,
누가 시민들에게 총을 쏘라고 명령했는지와 같은 명확한 사실은 밝혀지지 않고 있어.
2020년, 정부는 다시 한 번 5·18진실규명을 위한 특별법을 만들고 5·18진실규명위원회를 만들었어.
위원회는 2년 동안 활동하면서 그동안 밝혀지지 않았던 사실을 밝혀 낼 거야.
5·18민주화운동의 진실을 밝히는 일은 사회 정의를 바로세우고 정의로운 사회를 만들기 위해
반드시 필요한 일이야. 잘잘못을 따져 죄를 지은 사람에게는 그에 따른 처벌을,
보상받아야 하는 사람에게는 그에 맞는 보상을 해야 하지.
이건 살아남은 유족들의 아픔을 조금이나마 위로할 수 있는 하나뿐인 방법이기도 해.

글쓴이 파트리크 티야르 Patrick Tillard

오랫동안 출판과 관계된 일을 하다가, 지금은 몬트리올에 살면서 이야기를 쓰고 있어요.
2002년에 단편소설로 〈쥘 라포르그 문학상〉을 받았고, 2004년에 퀘벡 대학교에서
문학 연구 박사학위를 받았어요. 우리나라에 소개된 책으로는 《룰루루 꿀벌 곰》이 있습니다.

그린이 바루 Barroux

프랑스 파리에서 태어나 북아프리카에서 어린 시절을 보냈습니다.
프랑스 파리의 에티엔 미술학교에서 그래픽아트를 배우고, 지금은 프랑스와 캐나다,
미국에서 일러스트레이터이자 그림책 작가로 활발히 활동하고 있습니다.
〈뉴욕타임스〉, 〈워싱턴포스트〉, 〈포브스〉 등에 다양한 작품이 실렸고,
2005년에는 《누가 체리를 먹을까》로 스위스 어린이가 뽑는 〈앙팡테지 상〉을 받았습니다.
우리나라에 소개된 책으로《할아버지의 시간이 지워져요》, 《안녕, 판다!》, 《마법의 낱말 딱지》,
《왜 나만 자라고 해요》, 《머리에 집을 이고 다니는 개》 등이 있습니다.

옮긴이 김현아

대학과 대학원에서 불어를 공부하고 전문번역가로 활동하고 있습니다.
옮긴 책으로《엄마의 꿈, 딸의 꿈》, 《어린 노동자와 희귀 금속 탄탈》,
《누가 가장 큰 죄를 지었나?》, 《비밀을 감춘 사막으로》, 《내가 안 보이나요?》,
《귀 없는 그래요》, 《울지 마, 레몬트리》 등이 있습니다.

세상을 바꾼 그때 그곳으로 3
아빠, 구름 위에서 만나요 : 1942년 폴란드 나치의 유대인 학살
글쓴이 파트리크 티야르 | 그린이 바루 | 옮긴이 김현아　　펴낸이 곽미순 | 책임편집 윤소라 | 디자인 이순영
펴낸곳 한울림어린이 | 기획 이미혜 | 편집 윤도경 윤소라 이은파 박미화 김주연 | 디자인 김민서 이순영 | 마케팅 공태훈 윤재영 | 제작·관리 김영석
등록 2004년 4월 12일(제318-2004-000032호)　|　주소 서울특별시 영등포구 당산로54길 11 래미안당산1차아파트 상가
대표전화 02-2635-1400 | 팩스 02-2635-1415 | 홈페이지 www.inbumo.com | 블로그 blog.naver.com/hanulimkids
페이스북 www.facebook.com/hanulim | 인스타그램 www.instagram.com/hanulimkids
첫판 1쇄 펴낸날 2020년 6월 29일
ISBN 979-11-6393-028-0 77860　　979-11-6393-029-7(세트)

이 도서의 국립중앙도서관 출판예정도서목록(CIP)은 서지정보유통지원시스템 홈페이지
(http://seoji.nl.go.kr)와 국가자료종합목록 구축시스템(http://kolis-net.nl.go.kr)에서
이용하실 수 있습니다. (CIP제어번호: CIP2020023869)

이 책은 저작권법에 따라 보호 받는 저작물이므로, 저작자와 출판사 양측의 허락 없이는
이 책의 일부 혹은 전체를 인용하거나 옮겨 실을 수 없습니다.

*잘못된 책은 바꾸어 드립니다.

어린이제품안전특별법에 의한 제품 표시　제조국 대한민국　사용연령 9세 이상